L'ABOLITION

DES

RÉVOLUTIONS

PAR LA

SUPPRESSION DE LA GARDE NATIONALE

PAR

ROMULLE.

Caussidière faisait de l'ordre avec du désordre.

La Garde nationale ne sut jamais que faire du désordre avec de l'ordre.

ROMULLE.

Prix : 25 Centimes.

PARIS

DUMINERAY, ÉDITEUR, 52, rue Richelieu.

JEANNE, ÉDITEUR, passage Choiseul.

1851

L'ABOLITION

DES

RÉVOLUTIONS

PAR LA SUPPRESSION

DE LA

GARDE NATIONALE

La garde nationale est :

Hostile au pouvoir ;

Impuissante à faire le bien et à empêcher le mal ;

Coûteuse ;

Indisciplinée et indisciplinable ;

Elle est souvent la cause, toujours l'instrument des révolutions.

D'où cette conséquence rigoureuse :

La garde nationale est dangereuse et inutile,

D'où cette nécessité........

Mais prouvons d'abord.

I.

Hostile au pouvoir.

La garde nationale est *hostile au pouvoir,* parce qu'elle est d'origine essentiellement révolutionnaire.

1851

La première idée de son organisation date de la prise de la Bastille.

Le roi, retiré à Versailles, venait d'enlever au ministre Necker le portefeuille des finances. (11 juillet 1789.)

Ce fut le prétexte du moment.

Travaillé de longue date, et poussé, suivant l'usage, par des ambitieux et des habiles qui se tenaient prudemment derrière le rideau, le peuple se soulève aux cris de *vive Necker !*

Il se porte en masse aux barrières, qui sont incendiées depuis le faubourg Saint-Antoine jusqu'au faubourg Saint-Honoré, et du faubourg Saint-Jacques au faubourg Saint-Marceau.

Armée de bâtons, de poignards, de piques, de lances, la populace se divise, se répand sur divers points de la capitale, enfonce les portes, pénètre de force chez les armuriers et s'empare de toutes les armes.

Les prisons sont ouvertes ; les détenus délivrés, embrassés, fêtés, grossissent les rangs des combattants.

Chaque citoyen devient *soldat de la patrie* en mettant une cocarde à son chapeau ;

Et l'insurrection commence.

Un couvent est pillé ; les religieux sont menacés, maltraités et obligés de se réfugier en d'autres lieux pour échapper à l'effervescence *patriotique* des insurgés, et à l'incendie qui se manifeste dans une grange du monastère,

Le conventionnel Prudhomme ajoute naïvement :

« On ne peut se dissimuler *pourtant* que la populace ne » se soit portée à des excès très-répréhensibles ; elle

» s'est enivrée des vins et des liqueurs qu'elle a
» trouvés dans les caves, et *a saccagé* ce qu'elle a
» rencontré. »

C'est dans ces conjonctures que le comité des électeurs des trois ordres décide l'établissement d'une *garde nationale*, non pour rétablir l'ordre en domptant l'émeute et en faisant respecter les lois et le roi, mais pour continuer l'insurrection et lui donner plus de force et d'autorité par cette organisation.

La nouvelle milice est décorée du nom pompeux de *garde bourgeoise*; elle se recrute principalement dans le tiers-état et le peuple, et surtout dans cette fraction de la nation qu'un orateur d'un talent éminent a si bien qualifiée de nos jours du nom de *vile multitude.*

Auprès de la garde bourgeoise, et agissant concurremment avec elle, se montre la bande dite des *solda's de la patrie*, formée de gens sans aveu, de repris de justice, de l'écume de la société. Mais les soldats de la patrie sont armés, nombreux, dangereux, et la garde bourgeoise, préludant à ses fameux exploits, au lieu de chercher à se débarrasser peu à peu de cette troupe de brigands, la flatte, l'exalte, et ne tarde pas à être dominée par cette tourbe dont elle surveille et réprouve les honteuses ou criminelles actions, sans pouvoir ni les diriger ni les empêcher.

La garde bourgeoise adopte la cocarde royale, *verte et blanche.*

Nous arrivons au 14 juillet. — De compte à demi avec les soldats de la patrie, la garde bourgeoise vient de prendre d'assaut la Bastille. Fière de son triomphe sur un monarque trop bénévole et trop ménager du sang de sujets rebelles, la garde bourgeoise arrache cette cocarde royale qu'elle venait d'adopter avec enthousiasme, la foule aux pieds, et la remplace par la cocarde *bleue et rose* conforme au blason de la ville.

Ainsi, la garde bourgeoise, qui, créée le 11, compte à peine trois jours d'existence, non-seulement se montre *hostile au pouvoir*, mais encore dresse drapeau contre drapeau et porte défi à l'autorité.

Cependant, on s'applaudissait de cette création, et on espérait encore que cette milice toute démocratique flatterait suffisamment les instincts du populaire, et qu'elle pourrait servir à contenir le flot révolutionnaire qui montait rapidement.

Aveuglement fatal, qui nous a déjà coûté l'assassinat du meilleur des rois, la Terreur, la ruine successive de trois monarchies, le socialisme, la guerre civile, et qui nous mène à la décadence, et à la mort... qui sait? Peut-être ne nous laisserons-nous pas conduire jusqu'au bout !

Bientôt la rivalité s'établit entre l'armée et les nouvelles phalanges :

On avait été obligé, pour satisfaire aux exigences du moment, de choisir les chefs dans les rangs de la démocratie la plus ardente, la plus avancée : aussi cette institution, qui était recrutée dans tous les rangs de la société, orgueilleuse de son indépendance, ne tarda pas à faire sentir qu'elle se croyait la personnification de la nation, et qu'elle avait droit de parler en son nom.

Comprenant que l'armée qui avait pour elle sa discipline et son unité, pourrait devenir gênante, la garde nationale, éclose d'hier, s'empressa de réclamer l'envoi de l'armée à la frontière afin de demeurer seule maîtresse du territoire.

L'avenir est dans le passé.

Sans nous arrêter à d'autres exemples :

A quelques jours de nous, un *roi bénévole, trop ménager du sang de sujets rebelles*, comme l'infortuné Louis XVI, a vu la garde nationale dont il avait favorisé la réorganisation, se dresser contre lui au cri de : *Vive la réforme !* et prêter son appui à de nouveaux soldats de la patrie qui l'ont détrôné et qui lui auraient peut-être fait subir le même sort qu'au roi-martyr, s'il ne s'était dérobé par la fuite à leur colère aveugle et cruelle.

Maîtres de Paris à leur tour, ces sauvages civilisés s'organisèrent en garde populaire, et le premier acte de cette *horde démocratique et provisoire* fut d'exiger et d'assurer le renvoi des troupes régulières hors de l'enceinte des fortifications.

Qu'on vienne ensuite nous rassurer par ce dicton banal et mensonger : *autres temps, autres mœurs !* Nous répondrons : dans tous les temps, les hommes seront hommes et animés des mêmes passions, qui les conduiront, suivant le besoin de leur orgueil, de leur ambition, de leur vengeance ou de leur caprice, aux mêmes actes détestables d'arbitraire ou de férocité.

La garde nationale est *hostile au pouvoir*, parce que l'expérience lui ayant démontré son impuissance, elle craint toujours qu'un gouvernement honnête et fort ne se débarrasse d'elle, comme d'un joujou coûteux, bruyant et inutile.

La plupart de ses officiers, vaniteux personnages, tout bouffis d'orgueil de sentir un sabre à poignée dorée se balancer entre leurs jambes, n'ont de valeur que celle que leur donne le clinquant de leurs épaulettes.— Hommes sans jugement, ils redoutent l'appréciation de leur nullité, et, pour se donner une certaine importance, ils sont toujours disposés à laisser croire aux détenteurs de l'autorité qu'ils ne les soutiendront pas dans l'application de telle ou telle mesure..

Aussi les démagogues et les brouillons politiques l'ont toujours flagornée, parce que son drapeau a de tout temps abrité et donné une apparence de consécration nationale aux plus folles et aux plus criminelles tentatives des éternels démolisseurs des gouvernements et des sociétés.

II.

Impuissante à faire le bien et à empêcher le mal.

La garde nationale est *impuissante*, parce que, composée des éléments les plus divers, elle n'a pas d'homogénéité ; — elle n'a pas l'esprit de corps ; l'intérêt privé domine chacun de ses membres ; les passions politiques sont plus fortes que le sentiment du devoir, et si, au jour d'émeute ou de danger, le tambour l'appelle à former ses rangs, qu'arrive-t-il ?

Le tiers à peine des gardes se rend à son poste ; — les uns sympathisent avec l'émeute ; — les autres sont retenus chez eux par le sentiment de la peur, et livrent leurs fusils aux rebelles ; — alors, le découragement s'empare du petit nombre qui, un instant, a répondu à l'appel de l'autorité ; — les rangs s'éclaircissent, et bientôt après il n'y a plus personne.

De quels désastres nous a préservés cette garde nationale qui fait tant de bruit, frelon stupide qui bourdonne et ne produit pas ?

Le 23 juillet 1789, peu de jours après l'organisation de la garde nationale, le ministre *Foulon* est arrêté et conduit à l'hôtel de ville. — Le peuple apprend son arrestation ; il se porte en foule sur la place de Grève et demande sa tête.. . . . .
Le peuple ne savait pas ; mais c'était le mot d'ordre, et il marchait !. . . . . . Les électeurs descendent et conjurent le peuple d'attendre que le comité ait décidé sur le sort du ministre ; le peuple ne répond que par des cris de mort ; enfin, Bailly dont la voix éloquente savait calmer l'effervescence populaire, Bailly se présente, et n'est pas écouté.

Foulon entendait tous ces cris et n'en paraissait point effrayé ; l'un de ses gardes, sensible à sa position lui dit : « Vous êtes calme, monsieur ; sans doute vous êtes innocent. — Le crime seul, répliqua Foulon peut se déconcerter. »

Sur les cinq heures, on décide que le ministre Foulon sera conduit à la prison de l'abbaye de St-Germain ; la garde bourgeoise est chargée de l'y conduire.

M. de Lafayette, colonel général, se présente avec sa milice. Il annonce au peuple la mission dont il est chargé ; il compte sur la sagesse du peuple pour ne porter aucune entrave à la décision de ses élus.

Le peuple ne répond que par des cris de fureur ; il culbute les gardes, pénètre dans les salles de l'Hôtel-de-Ville, saisit l'accusé et le pend à un réverbère........ La corde casse (1), Foulon est saisi par mille bras ; sa tête est tranchée.... son corps mutilé est traîné dans la fange......

Et la garde nationale *impuissante* gémissait en silence et se mêlait au cortége de la populace en délire qui promenait la tête du ministre au bout d'une pique......

Le même jour, l'intendant de Paris, *Berthier*, est arrêté et traîné à l'Hôtel-de-Ville.

On l'interroge, il répond avec calme.

Mais le peuple est là ; sa rage n'est point assouvie par une première victime, il lui faut encore du sang.

— En vain la garde bourgeoise, en vain les électeurs, en vain Bailly lui-même représente au peuple que Berthier peut faire des révélations importantes, qu'il est utile de le garder encore ; que, du reste, on n'est point convaincu de la culpabilité de l'accusé, et que tout fait une loi de lui conserver la vie : le peuple fait entendre d'affreuses imprécations.

Bailly confie l'intendant de Paris à la garde bourgeoise avec ordre de le conduire à la prison de Saint-Germain.... N'était-ce pas l'envoyer à la mort !....

Berthier paraît sur la place de Grève ; — la garde bourgeoise est *forcée et désarmée* ; — l'accusé est au pouvoir de ses sauvages ennemis..... en un instant il

(1) Voir l'*Histoire des révolutions de Paris* par le conventionnel Prudhomme, vol. I.

est broyé, massacré, et.... horreur ! un monstre, un lâche brigand plonge les mains dans ses entrailles palpitantes, lui arrache le cœur, et va l'offrir aux électeurs réunis en tribunal de justice.... (1).

Et la garde nationale, *impuissante* toujours, vit commettre cet odieux attentat sous ses yeux, et laissa assassiner un accusé dont les jours lui étaient confiés.

Le lendemain M. de Lafayette, comprenant les germes d'*impuissance* fatale et d'*indiscipline* réunis dans le sein des gardes bourgeoises, donna sa démission de colonel général (2).

Ainsi, à peine la garde nationale est-elle formée, que déjà elle donne des preuves terribles de sa coupable *impuissance*, et que son général, redoutant pour ce qui le concerne la nuisible faiblesse et l'indiscipline de cette milice, s'empresse, pour décliner toute responsabilité, de renoncer à l'honneur de la commander.

Aux journées des 5 et 6 octobre, la garde nationale était chargée de veiller sur la personne du roi qui s'était retiré à Versailles. — Empêcha-t-elle le meurtre des gardes du corps et le sac du palais ?

Non ! — Elle servit d'escorte à cette hideuse canaille qui traîna le malheureux roi Louis XVI dans les murs de Paris, — première étape vers l'échafaud, — et ses drapeaux se mêlèrent aux têtes sanglantes des victimes que des égorgeurs portaient au bout de leurs piques.

(1) Voir l'*Histoire des révolutions de Paris* par le conventionnel Prudhomme, vol. I.

(2) Voir l'*Histoire des révolutions de Paris* par le conventionnel Prudhomme, vol. I.

A quoi servirent les fusillades du Champ de Mars?... vaines fanfaronnades qui n'en imposèrent pas aux hommes du drapeau rouge.

Au mois de juin 1792, — elle laissa envahir les Tuileries; — deux mois après, ses canonniers déchargeaient leurs pièces et noyaient leurs gargousses devant les sections des faubourgs descendues pour disperser les débris du trône.

Cinq cents Marseillais lui firent impunément la loi dans Paris.

Ce fut elle qui se chargea de retenir son roi prisonnier.

Une volonté énergique exprimée par la garde bourgeoise eût suffi pour sauver les jours du roi et pour épargner à la France entière, responsable des actes des cannibales de 93, un crime aussi révoltant; — cette volonté, la garde bourgeoise eut-elle le courage de la concevoir?

Non!... elle préféra servir de garde d'honneur aux bandes d'*assassins patriotes* qui traînèrent l'infortuné monarque à l'échafaud.

Jusque là rien encore n'était perdu.

Le roi voulait parler... sa voix simple, affectueuse et touchante allait émouvoir ce peuple égaré... des murmures de sympathie accueillaient les paroles du monarque déchu... quelques secondes, et une réaction allait s'opérer dans les cœurs, et, de la guillotine, le roi allait être porté en triomphe aux Tuileries!... Soudain un roulement de tambours, glas funèbre, se fait entendre... les accents généreux de Louis , couverts par le roulement meurtrier. n'arrivent plus jusqu'à son peuple.... la pitié s'éteint. Ce roulement parricide, qui l'a fait battre?... qui?... le *général de la garde nationale*, l'infâme Santerre . . . .

La garde bourgeoise assista l'*arme au pied* aux massacres des funestes journées de septembre, prélude du règne de la terreur , qu'elle vit s'accomplir sans y apporter le moindre obstacle , la moindre protestation. Loin de là, ses factionnaires furent placés autour de l'échafaud sanglant.

Plus tard, un héros envoyé par la Providence pour balayer la révolution et ses ordures, étudia la garde nationale, la jugea, — et se passa d'elle.

Sur la fin de son règne, ce héros crut devoir la réorganiser.

A quoi lui servit-elle?

Les bataillons étrangers foulèrent notre sol, l'ennemi pénétra dans la capitale ; — la garde nationate ne sut qu'applaudir à une capitulation.

Le gouvernement constitutionnel du roi Louis XVIII voulut encore en faire l'essai ; il permit son organisation sur des bases toutes libérales ; mais, en dix années , elle causa bien des inquiétudes.

En 1827, — au Champ-de-Mars, théâtre de ses tristes exploits, — sous prétexte de donner, par une monifestation, une *leçon au pouvoir*, elle leva l'étendard de la révolte, et, trois ans après , elle formait l'avant-garde des colonnes insurrectionnelles qui précipitèrent du trône le chevaleresque Charles X.

Et voyez le discernement, l'esprit d'à propos et la gratitude de la garde nationale :

C'est le moment où la France entière, ivre de joie et d'orgueil, frémissait sous les chants du *Te Deum*, éclatait en longs cris de *victoire* et de louanges pour le roi qui avait si bien compris, porté si haut et si glorieusement dirigé le sentiment national ; c'est le moment où le pays, fier à juste titre de son roi, lui donnait de si vifs témoignages de sympathie et de confiance, c'est ce moment que la garde nationale choisissait pour ruiner et détruire une monarchie qui venait de doter la France de la conquête de l'Algérie et de la suprématie sur la Méditerranée.

Que faire alors ? — car, là comme aujourd'hui, comme demain, comme toujours, la Garde nationale n'avait été qu'un *instrument*, qu'un épouvantail, qu'un intermédiaire dont les révolutionnaires s'étaient servis pour combattre et vaincre les troupes du roi qui avaient la naïveté de respecter un uniforme rebelle.....

La garde nationale s'empressa d'acclamer un nouveau roi qu'elle choisit *dans la famille du monarque déchu*...

— Dans la famille du monarque déchu, pourquoi? Parce que, trop tard, la garde nationale avait compris sa faute; qu'*elle avait peur*, et qu'elle pensait ne pouvoir trouver un sauveur que dans la maison même du roi qu'elle venait de détrôner....

Qu'il y aurait encore à dire ici!...

Elu par elle, la garde nationale devait lui être dévouée ; elle devait lui prêter un concours ferme et constant.

Deux ans après, en juin 1832, le *roi de la garde nationale* était renversé, si l'armée ne l'avait vaillamment soutenu.

Pendant le long règne du roi Louis-Philippe, décorations, faveurs, bienfaits, complaisances, tout fut prodigué à la garde nationale.

Et, après dix-huit ans de bonheur, de tranquillité, pas une légion ne protégea la demeure royale !...

Pendant deux jours, le rappel fut vainement battu. — Loin de venir protéger le gouvernement, la garde nationale livra ses armes à l'émeute.

Elle croisa la baïonnette sur les troupes fidèles.

Elle hurla *la réforme*, et laissa une poignée d'*ambitieux* et de *mécontents imposer* la République à la France ;

Et le vieux roi, qui, pendant dix-huit ans, avait tenu à honneur de porter son uniforme, fut lâchement abandonné par elle.

Les hommes dont elle avait été le servile instrument firent d'elle le cas qu'elle mérite ; ils brisèrent ses cadres, grossirent ses rangs du rebut et de l'écume de la société; son uniforme ne fut pas même respecté, et l'épaulette couvrit parfois une *flétrissure* naguère inscrite dans nos codes... —

Se raidit-elle contre tant d'infamies ? Elle n'en eut pas le courage.

A quelques jours de là, cependant, la garde nationale s'émut des humiliations sans nombre qu'on lui faisait subir, et le sentiment de sa dignité blessée se traduisit par la ridicule journée des *bonnets à poils*......

Misère !.......

Un désordre affreux régnait dans nos cités....... La garde nationale fit-elle quelque chose pour y mettre un terme ?....... Elle s'associa aux honteuses mascarades de cette époque...... Au lieu d'être grave et sévère, on la vit, bariolée de rubans et de fleurs, défiler devant ceux qui l'avaient mutilée, et qui songeaient à se débarrasser d'elle en la faisant massacrer....... A ce moment, comme toujours, empêcha-t-elle l'érection d'une seule barricade ?

Au contraire des Montagnards du citoyen Caussidière, elle ne sut jamais que *faire du désordre avec de l'ordre.*

Nous objectera-t-on qu'en juin la garde nationale s'est montrée utile ?

Ce n'est pas le *courage*, ce n'est pas le *devoir*, ce n'est pas la *foi*, — c'est le sentiment de la *peur* qui l'a ralliée autour du drapeau de la société audacieusement menacée.

Que le prince président passe aujourd'hui une revue de la garde nationale, le cri de *vive la République démocratique et sociale* retentira sur toute la ligne de bataille.

La Garde nationale est *hostile et impuissante*, parce qu'elle raisonne, discute et le gouvernement et ses actes : diplomatie, finances, économie politique, deviennent l'objet de ses critiques, d'après les renseignements que lui fournit une presse passionnée et corrompue.

III.

Coûteuse.

Au point de vue économique, la garde nationale est

très-coûteuse, et, sans elle, on pourrait diminuer l'effectif de notre armée d'au moins *cent mille hommes*.

Nous ne croyons pas exagérer en proposant ce chiffre, car il faut bien cent mille hommes pour protéger la garde nationale *contre elle-même*, et empêcher ses fusils de *passer à l'émeute*.

Une pareille économie ne nous paraît pas à dédaigner.

IV.

Indisciplinée et indisciplinable.

Enfin, la garde nationale est *indisciplinée et indisciplinable*, parce qu'elle porte dans son organisation même le germe de l'insubordination.

Le premier besoin d'un corps militaire est la réciprocité de la confiance entre les soldats et les officiers.

Dans la garde nationale, cette condition manque, — et le jour même de l'organisation d'une légion, cette légion est divisée en deux camps pour le choix d'un colonel.

Le colonel est presque toujours élu à une assez faible majorité, et cette majorité fût-elle importante qu'il n'en existerait pas moins un noyau de mécontents, dirigés, stimulés par le candidat évincé, et qui, tout le temps de la durée des pouvoirs du chef élu, conspire contre son autorité.

Il en est ainsi pour tous les grades.

Les modestes galons de *caporal* ont des envieux.

L'élection des officiers est la cause de luttes incessantes qui se traduisent par l'insubordination.

Il résulte de ce déplorable état de choses un bien

funeste exemple pour l'armée, et ce n'est pas sans un grand danger, sans les inconvénients les plus sérieux, que la garde nationale est mise chaque jour en contact avec l'armée.

Chaque jour des conseils perfides sont donnés aux soldats par les gardes nationaux, qui voient dans l'armée une rivale redoutable pour leurs velléités démocratiques *et autres.*

Pour nous résumer :

La garde nationale est, nous venons de le prouver,
Hostile au pouvoir ;
Impuissante à faire le bien et à empêcher le mal ;
Coûteuse ;
Indisciplinée et indisciplinable ;
Elle est souvent la cause, toujours l'instrument des révolutions.

D'où cette conséquence rigoureuse :

La garde nationale est dangereuse et inutile.

D'où cette nécessité impérieuse :

Pour abolir les révolutions.
La garde nationale doit être au plus tôt et à jamais supprimée.

ROMULLE.

PARIS. — IMPRIMERIE DE NAPOLÉON CHAIX ET Cᵉ, RUE BERGÈRE, 20.